Impressum
Verlag: BABADADA GmbH, Nedderfeld 112 , 22529 Hamburg
Geschäftsführer / Verlagsleitung: Harald Hof
Druck: Books on Demand GmbH, In de Tarpen 42, 22848 Norderstedt

Imprint
Publisher: BABADADA GmbH, Nedderfeld 112 , 22529 Hamburg, Germany
Managing Director / Publishing direction: Harald Hof
Print: Books on Demand GmbH, In de Tarpen 42, 22848 Norderstedt

school
學校

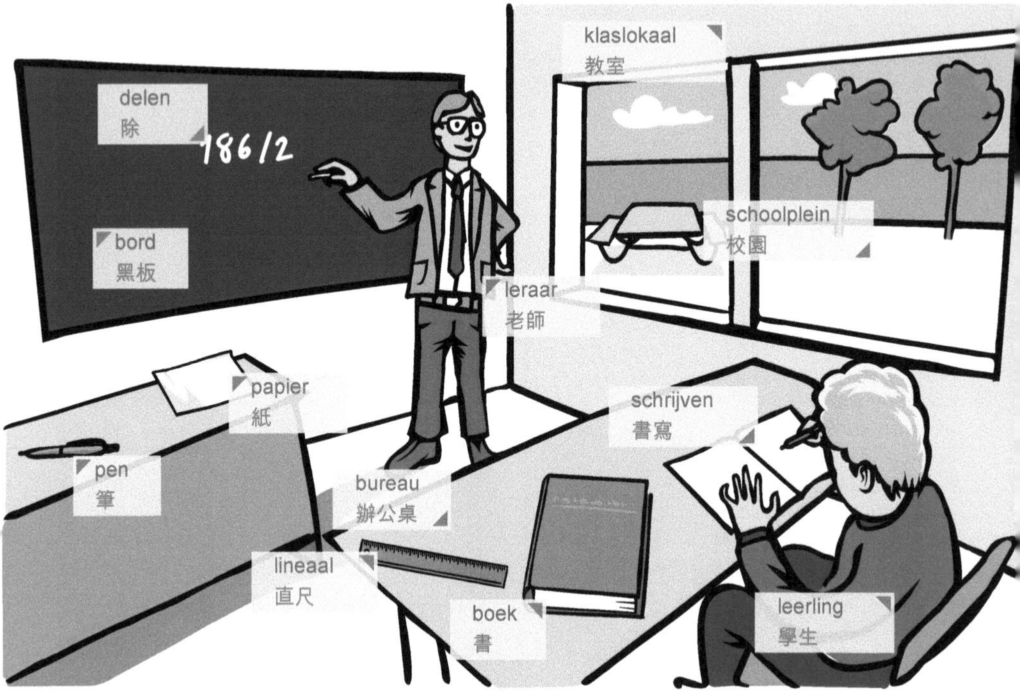
klaslokaal
教室
delen
除
186/2
bord
黑板
schoolplein
校園
leraar
老師
papier
紙
schrijven
書寫
pen
筆
bureau
辦公桌
lineaal
直尺
boek
書
leerling
學生

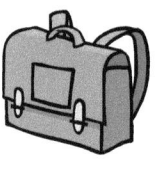

schooltas
書包

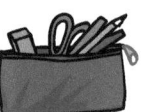

etui
鉛筆盒

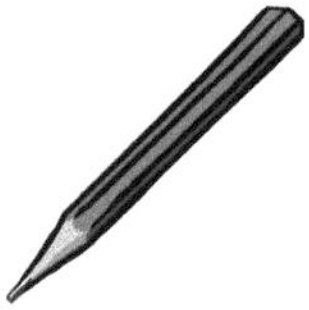

potlood
鉛筆

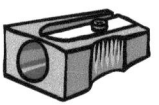

puntenslijper
削鉛筆機

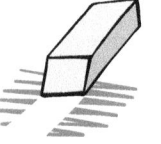

gum
橡皮擦

schetsblok
畫板

tekening

圖畫

penseel

畫筆

verfdoos

顏料盒

schaar

剪刀

lijm

膠水

schrift

練習冊

huiswerk

家庭作業

getal

數字

optellen

加

aftrekken

減

vermenigvuldigen

乘

rekenen

計算

letter

字母

alfabet

字母表

woord

字

tekst

課文

lezen

讀

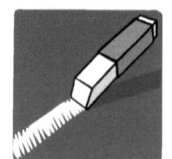

krijt

粉筆

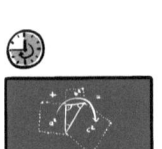

les

上課

klassenboek

登記

examen

考試

diploma

證書

schooluniform

校服

opleiding

教育

encyclopedie

百科全書

universiteit

大學

microscoop

顯微鏡

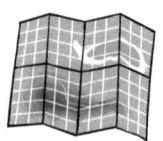

kaart

地圖

prullenmand

廢紙簍

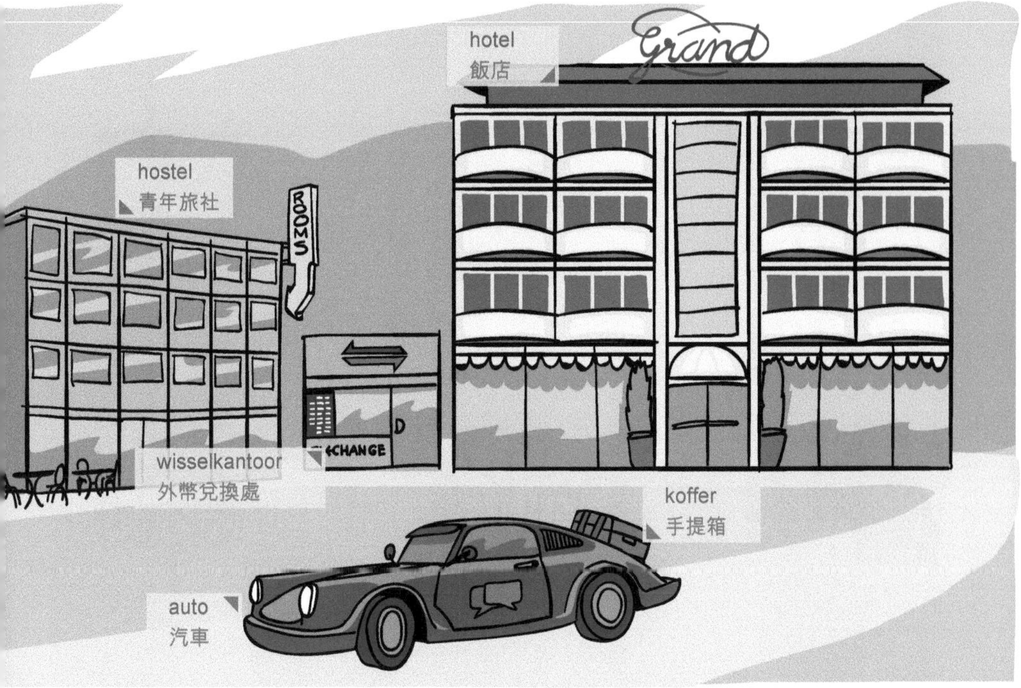
hotel
飯店
Grand
hostel
青年旅社
ROOMS
EXCHANGE
wisselkantoor
外幣兌換處
koffer
手提箱
auto
汽車

taal

語言

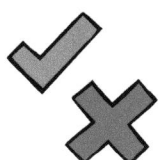

ja / nee

是/否

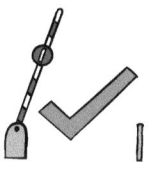

oké

好的

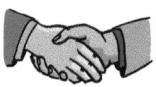

Hallo!

您好

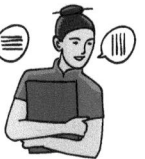

tolk

翻譯人員

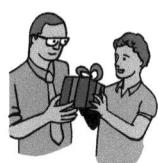

Bedankt.

謝謝

Wat kost ...?

......多少錢？

Ik begrijp het niet.

我不明白

probleem

問題

Goedenavond!

晚上好！

Goedemorgen!

早上好！

Goedenacht!

晚安！

Tot ziens!

再見

richting

方向

bagage

行李

tas

包

rugzak

背包

gast

客人

kamer

房間

slaapzak

睡袋

tent

帳篷

VVV-kantoor

旅行資訊

strand

海灘

creditkaart

信用卡

ontbijt

早餐

lunch

午餐

diner

晚餐

kaartje

票

lift

電梯

postzegel

郵票

grens

邊界

douane

海關

ambassade

大使館

visum

簽證

paspoort

護照

transport
交通運送

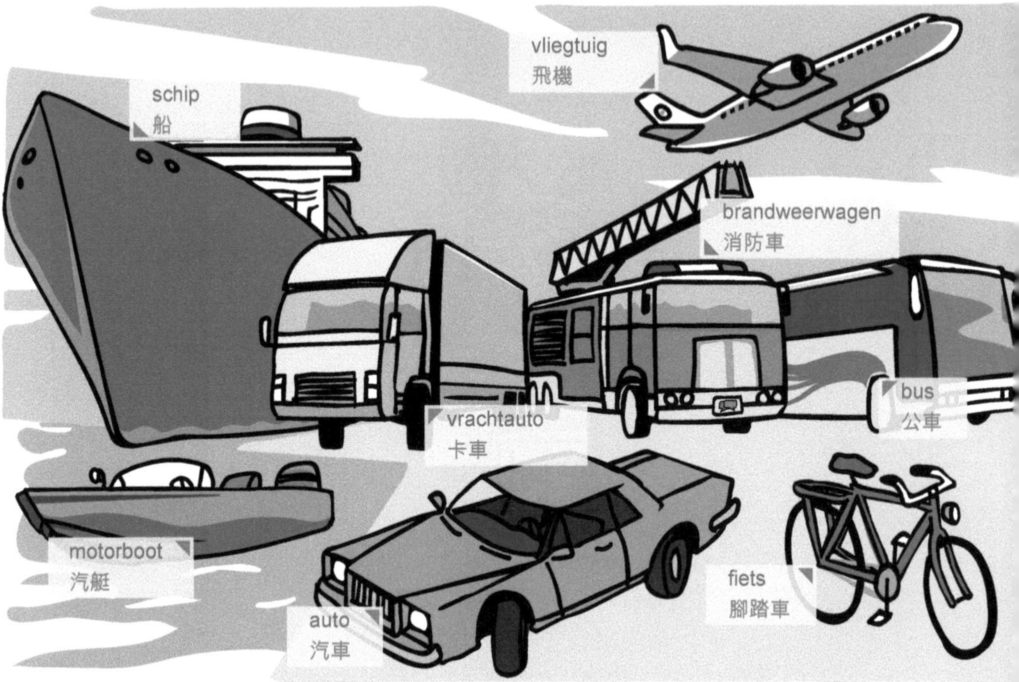
vliegtuig
飛機
schip
船
brandweerwagen
消防車
bus
公車
vrachtauto
卡車
motorboot
汽艇
fiets
腳踏車
auto
汽車

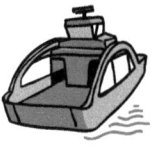

veerboot

渡輪

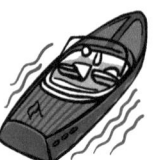

boot

小船

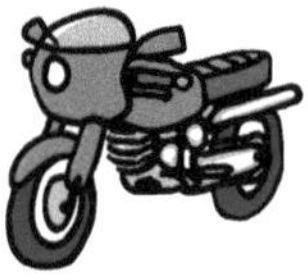

motorfiets

機車

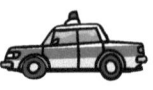

politiewagen

警車

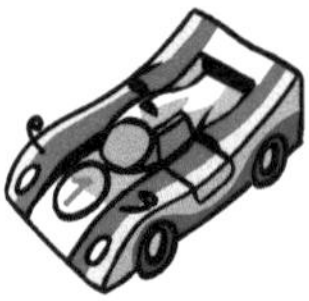

raceauto

賽車

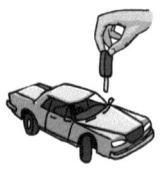

huurauto

租車

carsharing

拼車

takelwagen

拖車

vuilniswagen

垃圾車

motor

馬達

benzine

汽油

benzinepomp

加油站

verkeersbord

交通標識

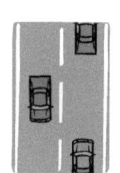

verkeer

交通

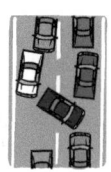

file

交通堵塞

parkeerplaats

停車場

station

火車站

rails

軌道

trein

火車

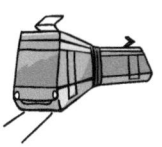

tram

路面電車

wagon

客車廂

helikopter

直升機

luchthaven

機場

toren

塔

passagier

乘客

container

集裝箱

verhuisdoos

紙板箱

kar

手推車

mand

籃子

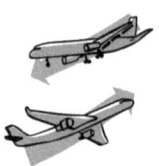

opstijgen / landen

起飛/降落

stad

城市

dorp

村莊

stadscentrum

市中心

huis

房子

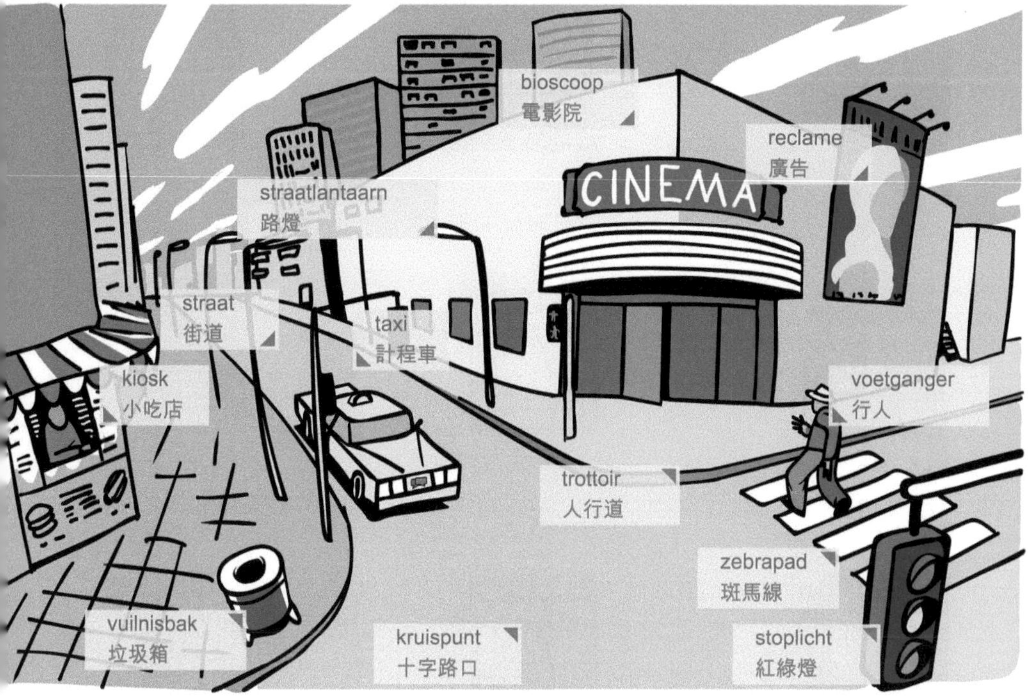

bioscoop
電影院
reclame
廣告
CINEMA
straatlantaarn
路燈
straat
街道
taxi
計程車
kiosk
小吃店
voetganger
行人
trottoir
人行道
zebrapad
斑馬線
vuilnisbak
垃圾箱
kruispunt
十字路口
stoplicht
紅綠燈

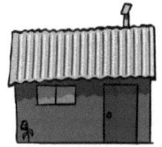

hut

小屋

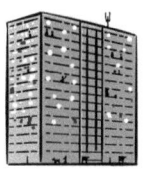

appartement

公寓

station

火車站

stadhuis

市政廳

MUSEUM

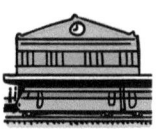

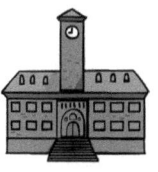

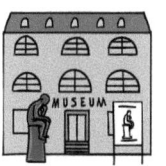

museum

博物館

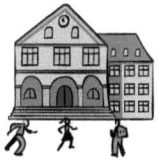

school

學校

universiteit

大學

bank

銀行

ziekenhuis

醫院

hotel

飯店

apotheek

藥房

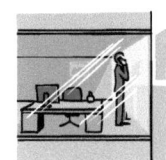

kantoor

辦公室

boekenwinkel

書店

winkel

商店

bloemenwinkel

花店

supermarkt

超市

markt

市場

warenhuis

百貨商店

visboer

魚店

winkelcentrum

購物中心

haven

海港

stad － 城市

park

公園

bank

長凳

brug

橋

trap

樓梯

metro

捷運

tunnel

隧道

bushalte

公車站

bar

酒吧

restaurant

餐館

brievenbus

郵筒

straatnaambord

路標

parkeermeter

停車計時器

dierentuin

動物園

zwembad

游泳池

moskee

清真寺

boerderij

農場

vervuiling

污染

begraafplaats

墓地

kerk

教堂

speelplaats

操場

tempel

寺廟

landschap

地形

blad
樹葉

wegwijzer
指示牌

weg
路

weide
草地

steen
石頭

boom
樹

wandelaar
徒步旅行者

rivier
河

gras
草

bloem
花

vallei

峽谷

berg

丘陵

meer

湖

bos

森林

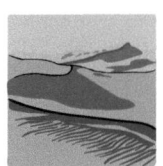

woestijn

沙漠

vulkaan

火山

kasteel

城堡

regenboog

彩虹

paddenstoel

蘑菇

palmboom

棕櫚樹

mug

蚊子

vlieg

蒼蠅

mier

螞蟻

bij

蜜蜂

spin

蜘蛛

kever

甲蟲

kikker

青蛙

eekhoorn

松鼠

egel

刺蝟

haas

野兔

uil

貓頭鷹

vogel

鳥

zwaan

天鵝

wild zwijn

野豬

hert

鹿

eland

麋鹿

stuwdam

水壩

windmolen

風力發電機

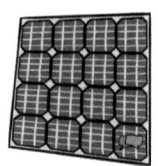

zonnepaneel

太陽能電池板

klimaat

氣候

restaurant
餐館

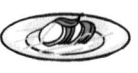

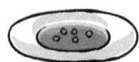

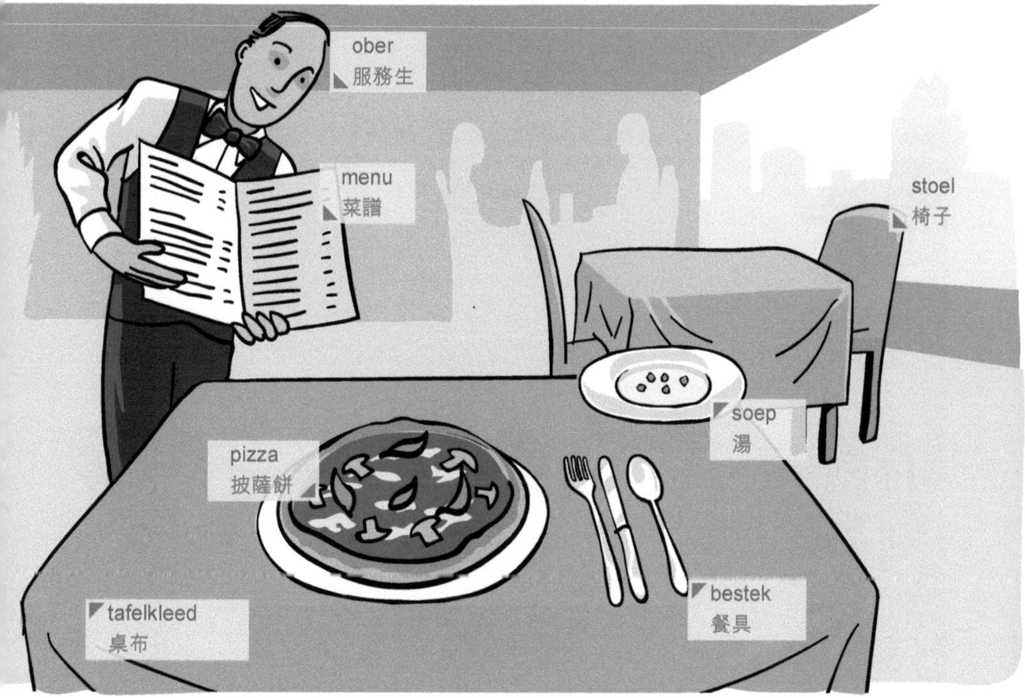
ober
服務生
menu
菜譜
stoel
椅子
soep
湯
pizza
披薩餅
bestek
餐具
tafelkleed
桌布

voorgerecht

前菜

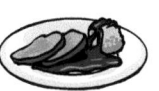

hoofdgerecht

主菜

toetje

甜點

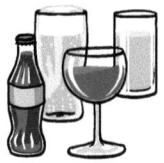

dranken

飲料

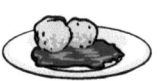

eten

食物

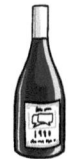

fles

瓶子

fastfood

速食

eetkraampje

街邊小吃

theepot

茶壺

suikerpot

糖盒

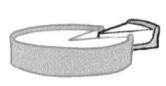

portie

一份飯菜

espressomachine

義式咖啡機

kinderstoel

高腳椅

rekening

帳單

dienblad

托盤

mes

刀

vork

餐叉

lepel

勺子

theelepel

茶匙

servet

餐巾

glas

玻璃杯

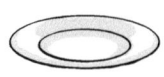

bord

碟子

soepbord

湯盤

schotel

碟子

saus

醬

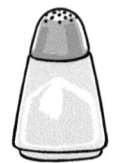

zoutvaatje

鹽瓶

pepermolen

胡椒研磨罐

azijn

醋

olie

食用油

kruiden

調味料

ketchup

番茄醬

mosterd

芥末

mayonaise

美乃滋

supermarkt
超市

aanbieding
特價
FOR
klant
顧客
zuivelproducten
乳製品
fruit
水果
winkelwagen
購物車

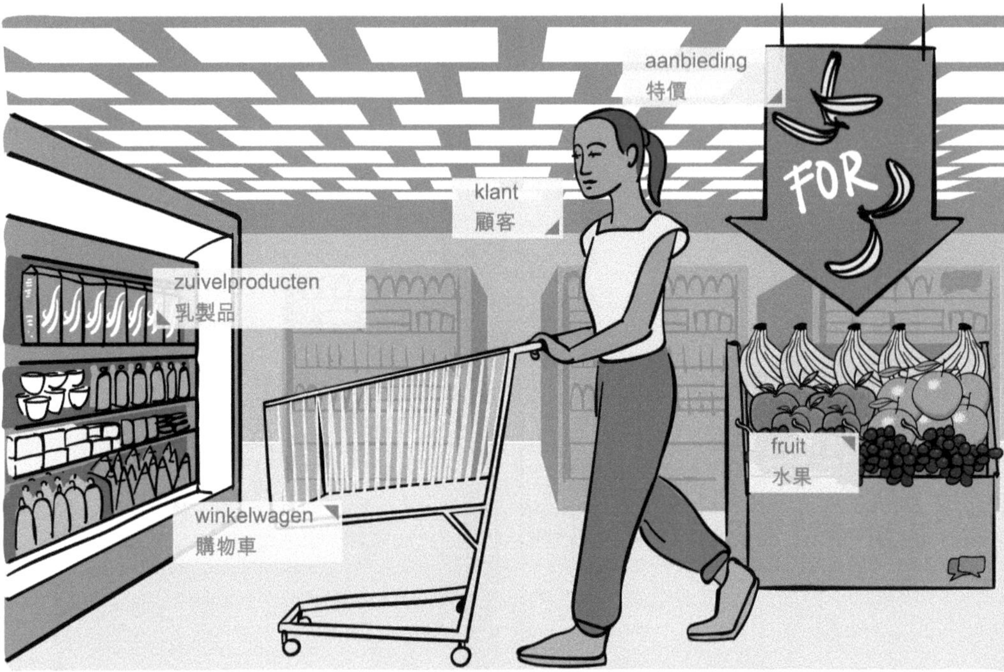

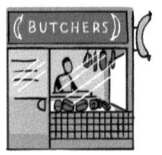

BUTCHERS

slager
肉鋪

BAKERY

bakkerij
麵包店

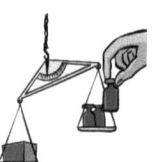

wegen
稱重

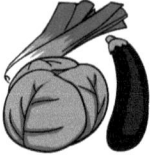

groente
蔬菜

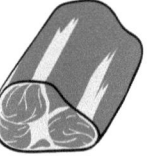

vlees
肉

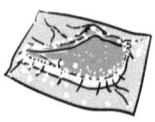

diepvriesproducten
冷凍食品

vleeswaren

冷盤

conserven

罐頭食品

wasmiddel

洗衣粉

snoepgoed

甜食

huishoudelijke artikelen

日用品

schoonmaakmiddel

清潔用品

verkoopster

銷售員

kassa

收銀機

kassier

收銀員

boodschappenlijstje

購物清單

openingstijden

開放時間

portefeuille

錢包

creditkaart

信用卡

tas

袋子

plastic zak

塑膠袋

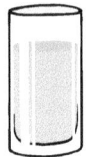

water

水

sap

果汁

melk

牛奶

cola

可樂

wijn

紅酒

bier

啤酒

alcohol

酒

chocolademelk

可可

thee

茶

koffie

咖啡

espresso

義式濃縮咖啡

cappuccino

卡布奇諾

banaan

香蕉

appel

蘋果

sinaasappel

柳丁

watermeloen

西瓜

citroen

檸檬

wortel

胡蘿蔔

knoflook

大蒜

bamboe

竹子

ui

洋蔥

paddenstoel

蘑菇

noten

堅果

pasta

麵條

spaghetti

義大利麵

rijst

米飯

salade

沙拉

friet

薯條

gebakken aardappelen

炸馬鈴薯

pizza

披薩餅

hamburger

漢堡

sandwich

三明治

schnitzel

炸豬排

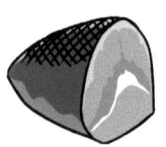

ham

火腿

salami

義大利臘腸

worst

香腸

kip

雞肉

gebraad

烤肉

vis

魚

havermout

燕麥片

muesli

木斯里

cornflakes

玉米片

meel

麵粉

croissant

牛角麵包

broodjes

麵包捲

brood

麵包

toast

吐司

koekjes

餅乾

boter

奶油

kwark

凝乳

taart

蛋糕

ei

蛋

gebakken ei

煎蛋

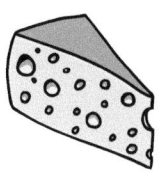

kaas

起司

ijs

冰淇淋

suiker

糖

honing

蜂蜜

jam

果醬

chocoladepasta

巧克力醬

kerrie

咖哩

boerderij
農場

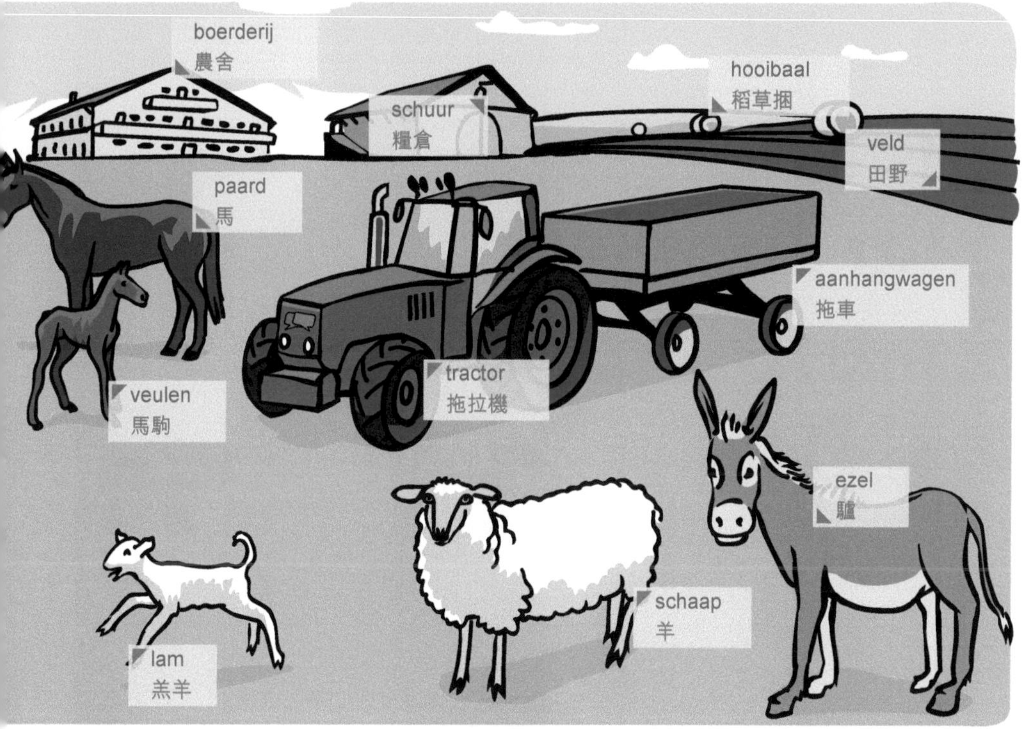
boerderij
農舍
schuur
糧倉
hooibaal
稻草捆
veld
田野
paard
馬
aanhangwagen
拖車
tractor
拖拉機
veulen
馬駒
ezel
驢
schaap
羊
lam
羔羊

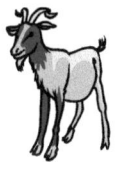

geit
山羊

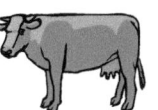

koe
奶牛

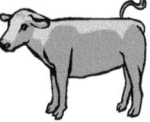

kalf
小牛

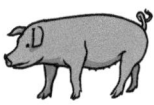

varken
豬

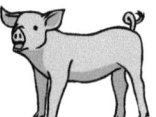

big
小豬

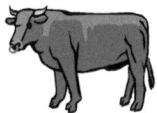

stier
公牛

gans

鵝

eend

鴨

kuiken

小雞

kip

母雞

haan

公雞

rat

鼠

kat

貓

muis

老鼠

os

牛

hond

狗

hondenhok

狗屋

tuinslang

花園澆水軟管

gieter

澆水壺

zeis

長柄大鐮刀

ploeg

犁

sikkel

鐮刀

schoffel

鋤頭

hooivork

長柄草耙

bijl

斧頭

kruiwagen

獨輪手推車

trog

飼料槽

melkbus

牛奶罐

zak

麻布袋

hek

柵欄

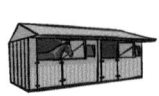

stal

馬廄

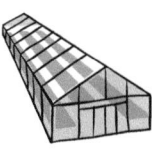

broeikas

溫室

grond

土壤

zaad

種子

mest

肥料

maaidorser

聯合收割機

oogsten

收割

oogst

收割

yam

地瓜

tarwe

小麥

soja

大豆

aardappel

土豆

maïs

玉米

koolzaad

油菜籽

fruitboom

果樹

maniok

樹薯

granen

穀物

huis
房子

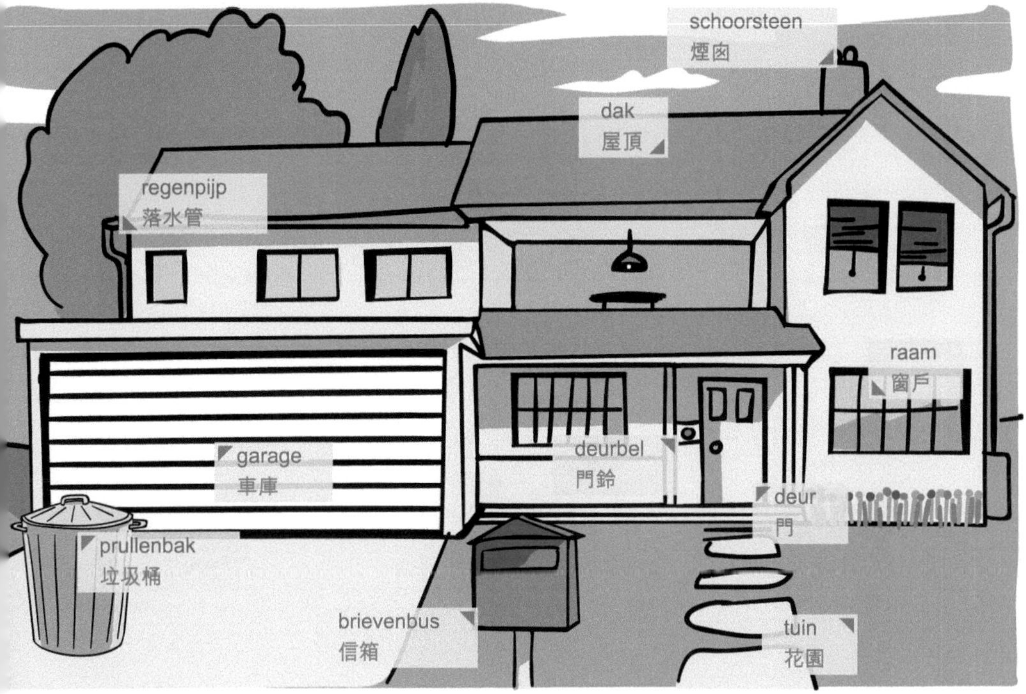
schoorsteen
煙囱
dak
屋頂
regenpijp
落水管
raam
窗戶
garage
車庫
deurbel
門鈴
deur
門
prullenbak
垃圾桶
brievenbus
信箱
tuin
花園

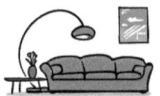

woonkamer
客廳

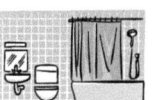

badkamer
浴室

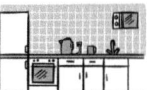

keuken
廚房

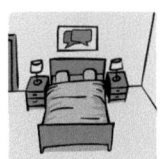

slaapkamer
臥室

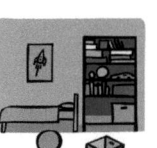

kinderkamer
兒童房

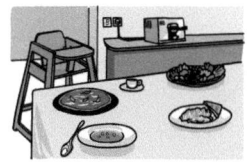

eetkamer
餐廳

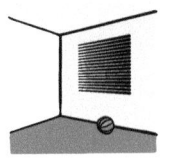

vloer

地板

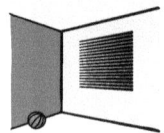

muur

牆壁

plafond

天花板

kelder

地窖

sauna

三溫暖

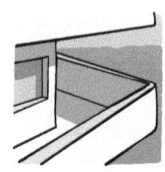

balkon

陽臺

terras

露臺

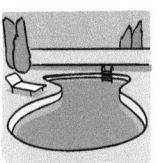

zwembad

游泳池

grasmaaier

割草機

laken

被單

bedsprei

床罩

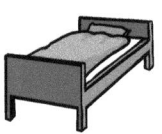

bed

床

bezem

掃帚

emmer

水桶

schakelaar

開關

woonkamer

客廳

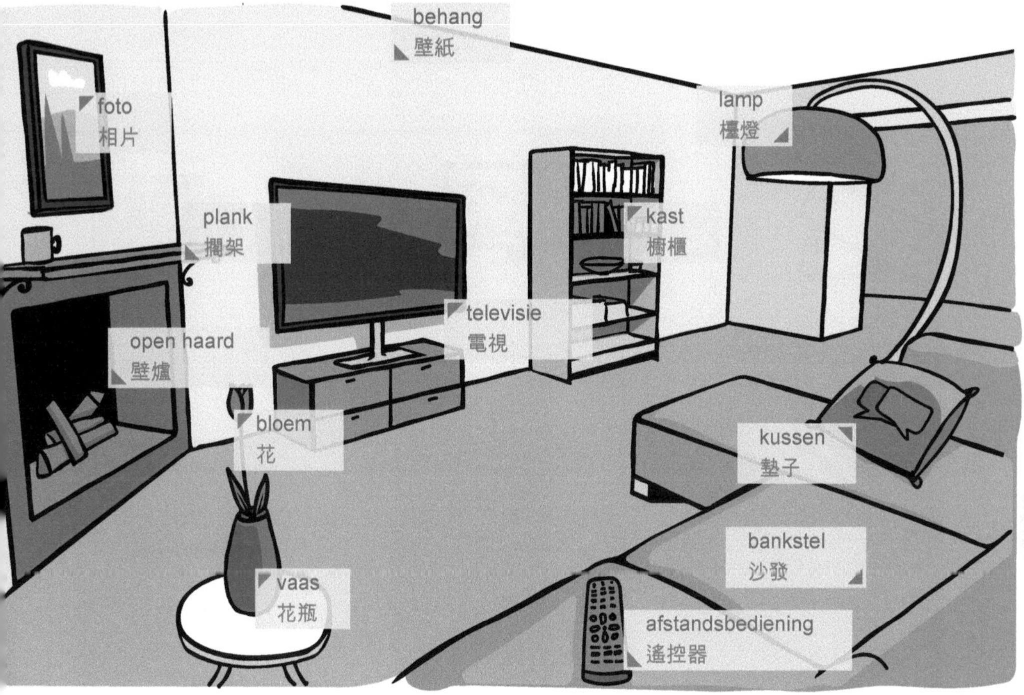
behang
壁紙
foto
相片
lamp
檯燈
plank
擱架
kast
櫥櫃
televisie
電視
open haard
壁爐
bloem
花
kussen
墊子
bankstel
沙發
vaas
花瓶
afstandsbediening
遙控器

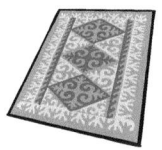

tapijt

地毯

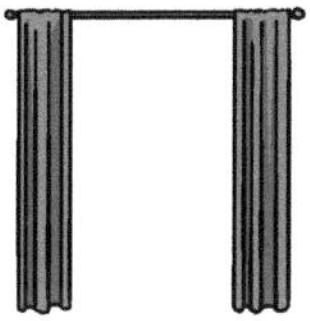

gordijn

窗簾

tafel

餐桌

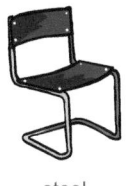

stoel

椅子

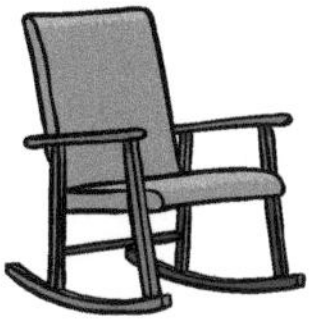

schommelstoel

搖椅

stoel

扶手椅

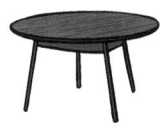

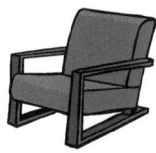

boek

書

deken

毯子

decoratie

裝飾品

brandhout

木柴

film

電影

stereo-installatie

高傳真音響

sleutel

鑰匙

krant

報紙

schilderij

油畫

poster

海報

radio

收音機

kladblok

筆記本

stofzuiger

吸塵器

cactus

仙人掌

kaars

蠟燭

keuken
廚房

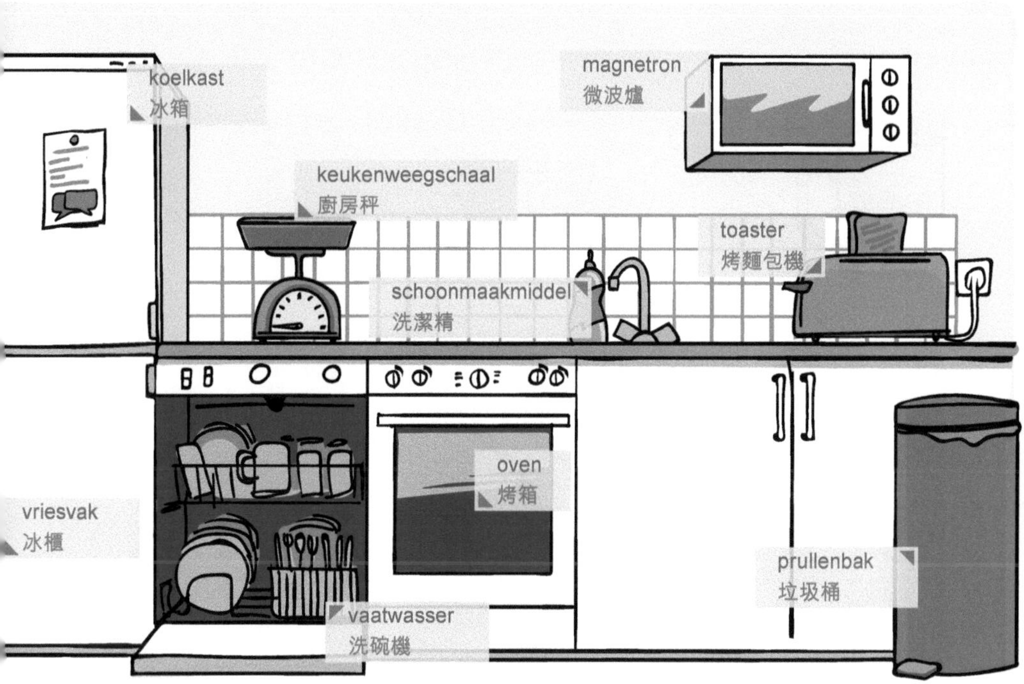

koelkast
冰箱
magnetron
微波爐
keukenweegschaal
廚房秤
toaster
烤麵包機
schoonmaakmiddel
洗潔精
oven
烤箱
vriesvak
冰櫃
prullenbak
垃圾桶
vaatwasser
洗碗機

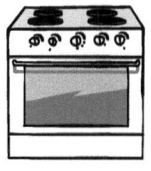

fornuis

炊具

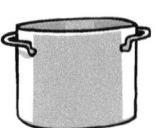

pan

鍋

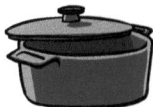

gietijzeren pan

鑄鐵鍋

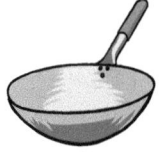

wok / kadai

炒鍋

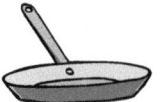

koekenpan

平底鍋

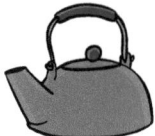

ketel

水壺

stoomkoker

蒸鍋

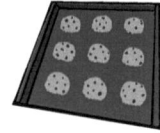

bakplaat

烤盤

servies

陶瓷鍋

beker

馬克杯

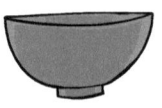

kom

碗

eetstokjes

筷子

soeplepel

長柄勺

spatel

鏟子

garde

攪拌器

vergiet

濾網

zeef

篩子

rasp

磨碎機

vijzel

研缽

barbecue

燒烤

vuurhaard

明火

snijplank

菜板

deegroller

擀麵杖

kurkentrekker

開瓶器

blik

罐子

blikopener

開罐器

pannenlap

隔熱手套

wasbak

水槽

borstel

刷子

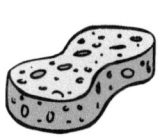

spons

海綿

blender

攪拌機

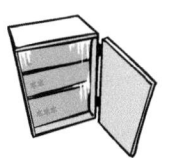

vriezer

冷藏箱

babyflesje

奶瓶

kraan

水龍頭

badkamer
浴室

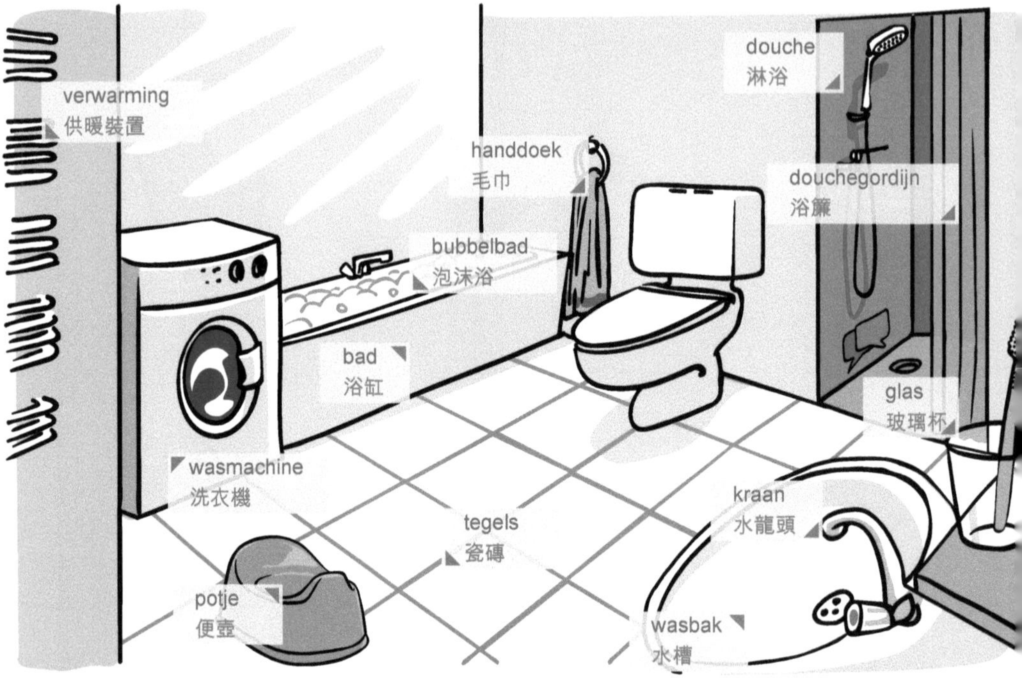

douche
淋浴
verwarming
供暖裝置
handdoek
毛巾
douchegordijn
浴簾
bubbelbad
泡沫浴
bad
浴缸
glas
玻璃杯
wasmachine
洗衣機
kraan
水龍頭
tegels
瓷磚
potje
便壺
wasbak
水槽

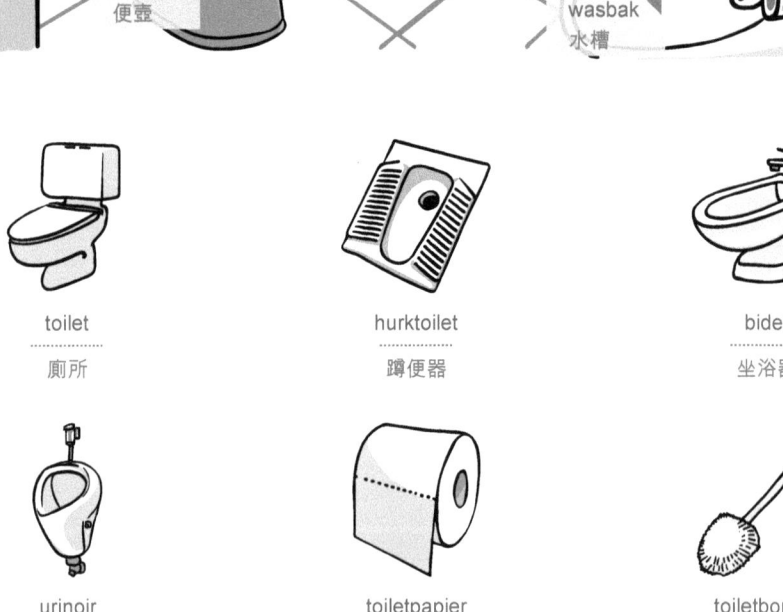

toilet
廁所

hurktoilet
蹲便器

bidet
坐浴器

urinoir
小便斗

toiletpapier
廁紙

toiletborstel
馬桶刷

tandenborstel

牙刷

tandpasta

牙膏

flosdraad

牙線

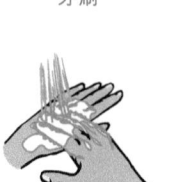

wassen

洗

handdouche

手持式蓮蓬頭

toiletdouche

沖洗器

waskom

洗臉盆

rugborstel

洗背刷

zeep

肥皂

douchegel

沐浴露

shampoo

洗髮乳

washanje

法蘭絨

afvoer

排水

creme

乳霜

deodorant

除臭劑

spiegel

鏡子

make-upspiegel

手鏡

scheermes

刮鬍刀

scheerschuim

刮鬍泡沫

aftershave

鬚後水

kam

梳子

borstel

刷子

haardroger

吹風機

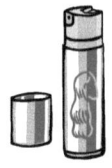

haarspray

噴髮定型劑

make-up

化妝品

lippenstift

唇膏

nagellak

指甲油

watten

化妝棉

nagelschaartje

指甲剪

parfum

香水

toilettas

洗漱包

kruk

凳子

weegschaal

計重秤

badjas

浴袍

rubber handschoenen

橡膠手套

tampon

衛生棉條

maandverband

衛生棉

chemisch toilet

化學廁所

kinderkamer
兒童房

wekker
鬧鐘
knuffeldier
毛絨玩具
speelgoedauto
玩具車
rammelaar
撥浪鼓
poppenhuis
玩具屋
cadeau
禮物

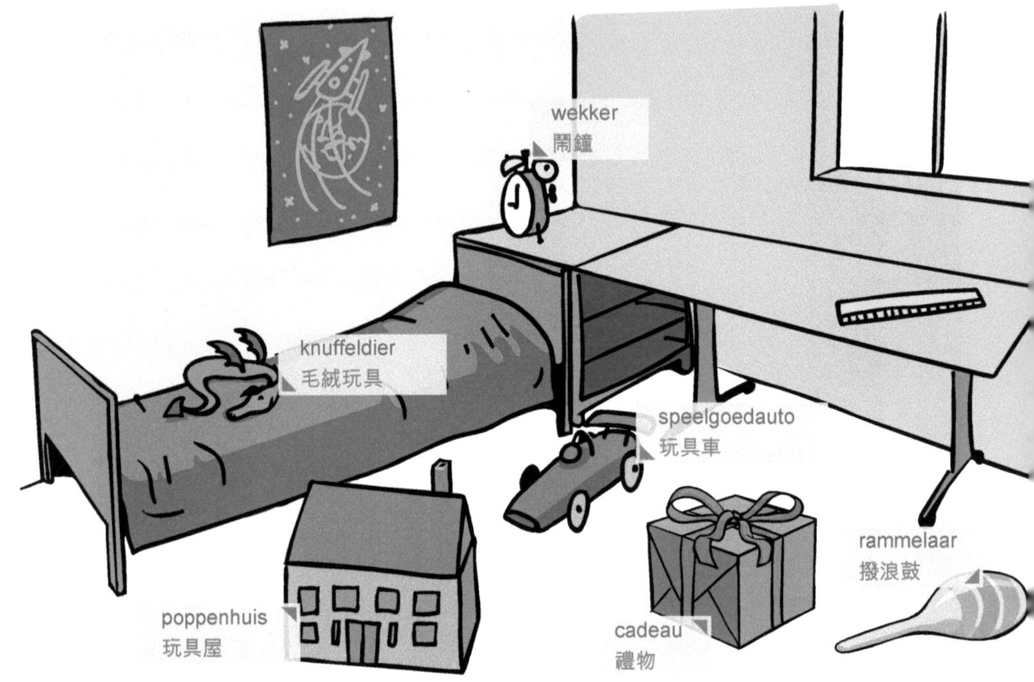

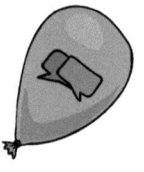

ballon
氣球

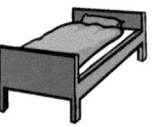

bed
床

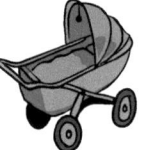

kinderwagen
嬰兒車

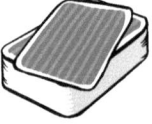

kaartspel
撲克牌

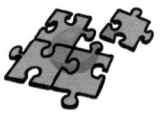

puzzel
拼圖

stripverhaal
漫畫

legostenen

樂高積木

speelgoedblokken

積木玩具

actiefiguurtje

公仔

romper

嬰兒服

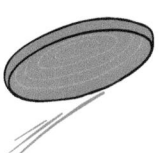

frisbee

飛盤

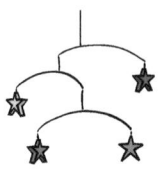

mobile

床鈴玩具

bordspel

棋盤遊戲

dobbelsteen

骰子

modeltrein

火車模型

speen

安撫奶嘴

feestje

派對

prentenboek

繪本

bal

球

pop

洋娃娃

spelen

玩

zandbak

沙坑

schommel

鞦韆

speelgoed

玩具

spelcomputer

電玩遊戲

driewieler

三輪車

teddybeer

泰迪熊

kleerkast

衣櫃

kleding

衣服

sokken

襪子

kousen

長襪

panty

緊身褲

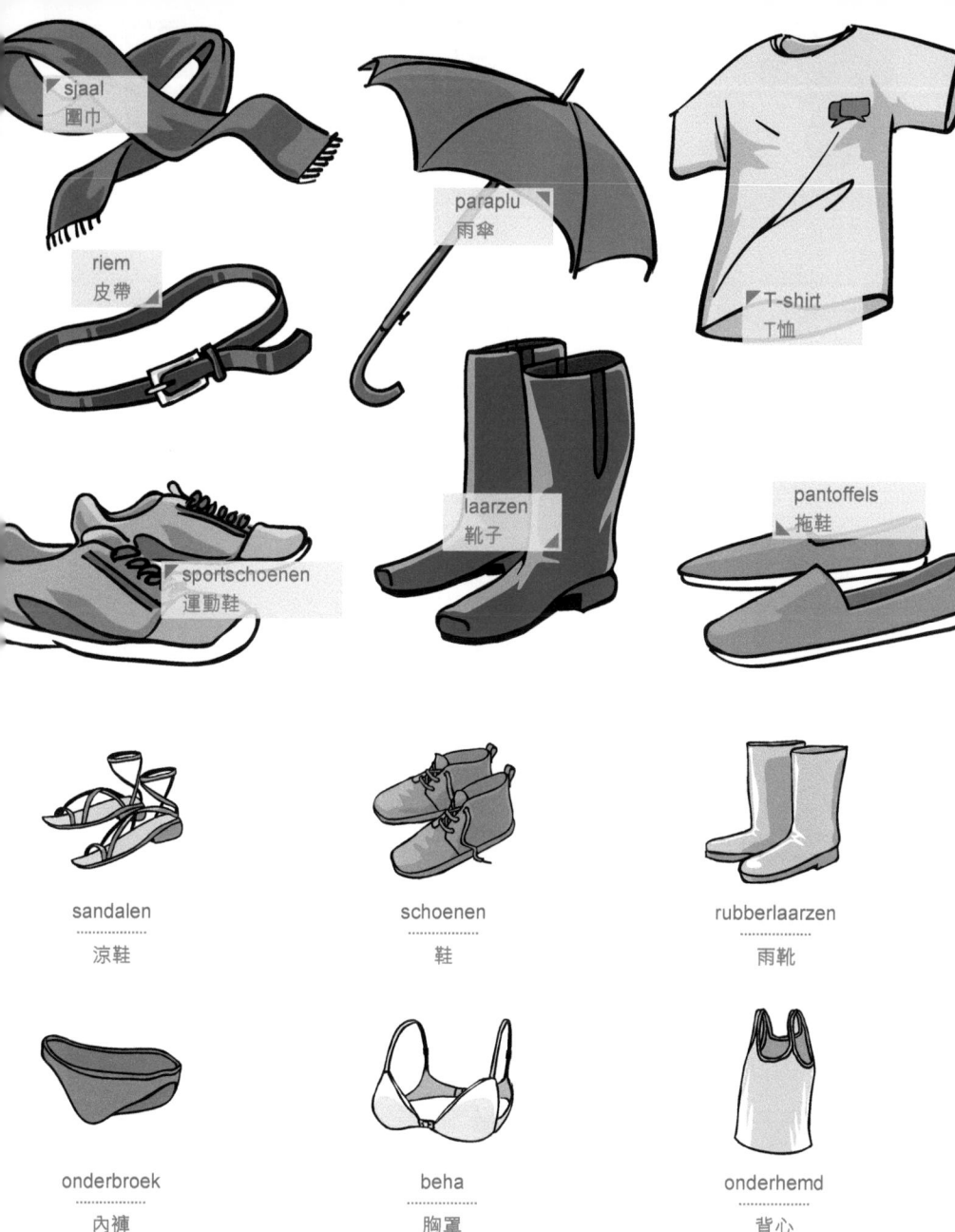

sjaal
圍巾

paraplu
雨傘

riem
皮帶

T-shirt
T恤

laarzen
靴子

pantoffels
拖鞋

sportschoenen
運動鞋

sandalen

涼鞋

schoenen

鞋

rubberlaarzen

雨靴

onderbroek

內褲

beha

胸罩

onderhemd

背心

body

身體

broek

褲子

spijkerbroek

牛仔褲

rok

短裙

blouse

女式襯衫

overhemd

襯衫

trui

套頭衫

hoody

連帽上衣

blazer

西裝夾克

jas

夾克

mantel

外套

regenjas

雨衣

kostuum

套裝

jurk

連衣裙

trouwjurk

婚紗

pak

西裝

nachthemd

睡袍

pyjama

睡衣

sari

莎麗

hoofddoek

頭巾

tulband

包頭巾

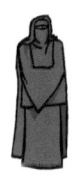

boerka

波卡

kaftan

卡夫坦

abaja

(阿拉伯式)長袍

zwempak

泳衣

zwembroek

男式泳褲

korte broek

短褲

trainingspak

運動服

schort

圍裙

handschoenen

手套

knoop

鈕扣

bril

眼鏡

armband

手鏈

ketting

項鍊

ring

戒指

oorbel

耳環

pet

便帽

kledinghanger

衣架

hoed

帽子

stropdas

領帶

rits

拉鍊

helm

安全帽

bretels

背帶

schooluniform

校服

uniform

制服

slabbetje

圍兜

speen

安撫奶嘴

luier

尿布

kantoor
辦公室

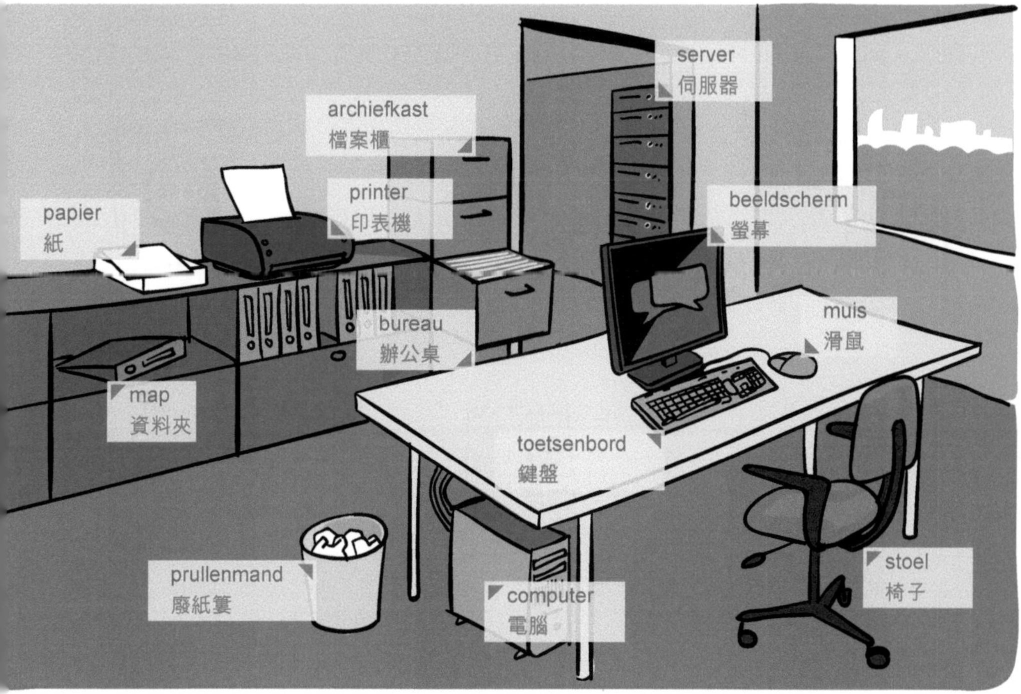

server
伺服器

archiefkast
檔案櫃

printer
印表機

beeldscherm
螢幕

papier
紙

muis
滑鼠

bureau
辦公桌

map
資料夾

toetsenbord
鍵盤

prullenmand
廢紙簍

stoel
椅子

computer
電腦

koffiemok

咖啡杯

rekenmachine

計算機

internet

網際網路

laptop

筆記型電腦

brief

信件

bericht

簡訊

mobiele telefoon

行動電話

netwerk

網路

kopieermachine

影印機

software

軟體

telefoon

電話

stopcontact

插座

fax

傳真機

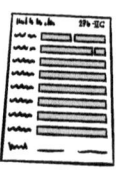

formulier

表格

document

檔案

kopen

買

betalen

付錢

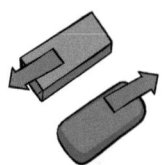

handel drijven

交易

geld

現金

dollar

美元

euro

歐元

yen

日元

roebel

盧布

Zwitserse frank

瑞士法郎

renminbi yuan

人民幣

roepie

盧比

geldautomaat

提款處

wisselkantoor

外幣兌換處

goud

金

zilver

銀

olie

石油

energie

能源

prijs

價格

contract

合約

belasting

稅金

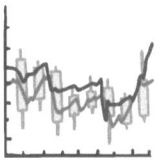

aandeel

股票

werken

工作

werknemer

職員

werkgever

老闆

fabriek

工廠

winkel

商店

beroepen
職業

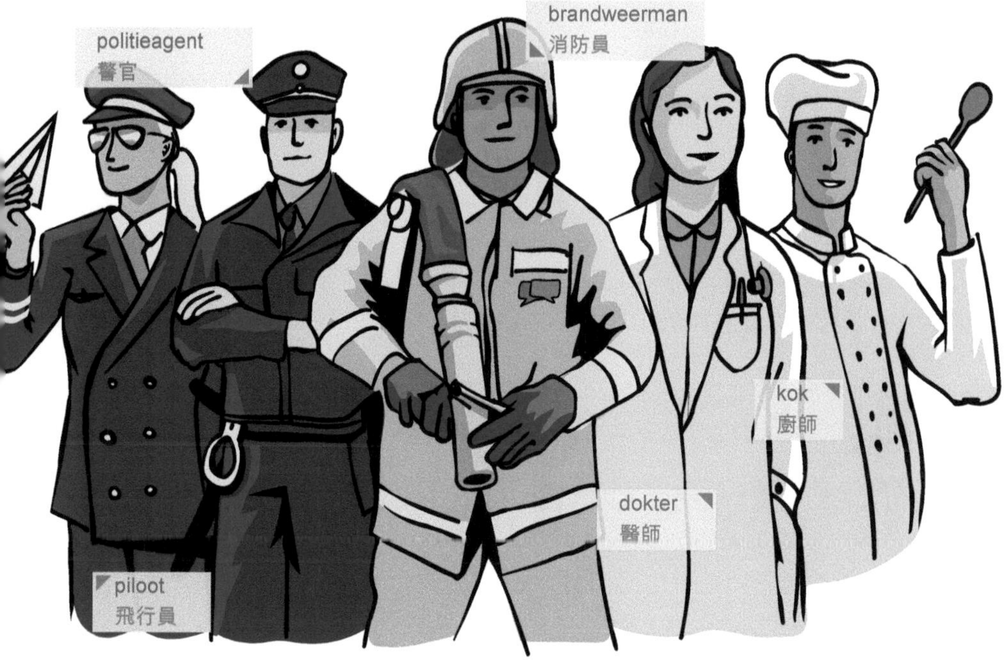
politieagent
警官
brandweerman
消防員
kok
廚師
dokter
醫師
piloot
飛行員

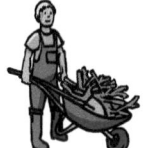

tuinman
園丁

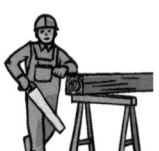

timmerman
木匠

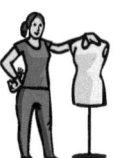

naaister
裁縫

rechter
法官

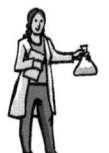

scheikundige
化學家

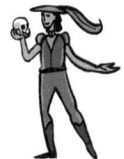

toneelspeler
演員

buschauffeur

公車司機

taxichauffeur

計程車司機

visser

漁夫

schoonmaakster

清洗女工

dakdekker

屋頂工

ober

服務生

jager

獵人

schilder

畫家

bakker

麵包師

elektricien

電工

bouwvakker

建築工人

ingenieur

工程師

slager

屠夫

loodgieter

水管工

postbode

郵差

soldaat

士兵

architect

建築師

kassier

收銀員

bloemist

花農

kapper

理髮師

conducteur

售票員

monteur

機械技師

kapitein

船長

tandarts

牙醫

wetenschapper

科學家

rabbi

拉比

imam

伊瑪目

monnik

和尚

pastoor

牧師

gereedschap

工具

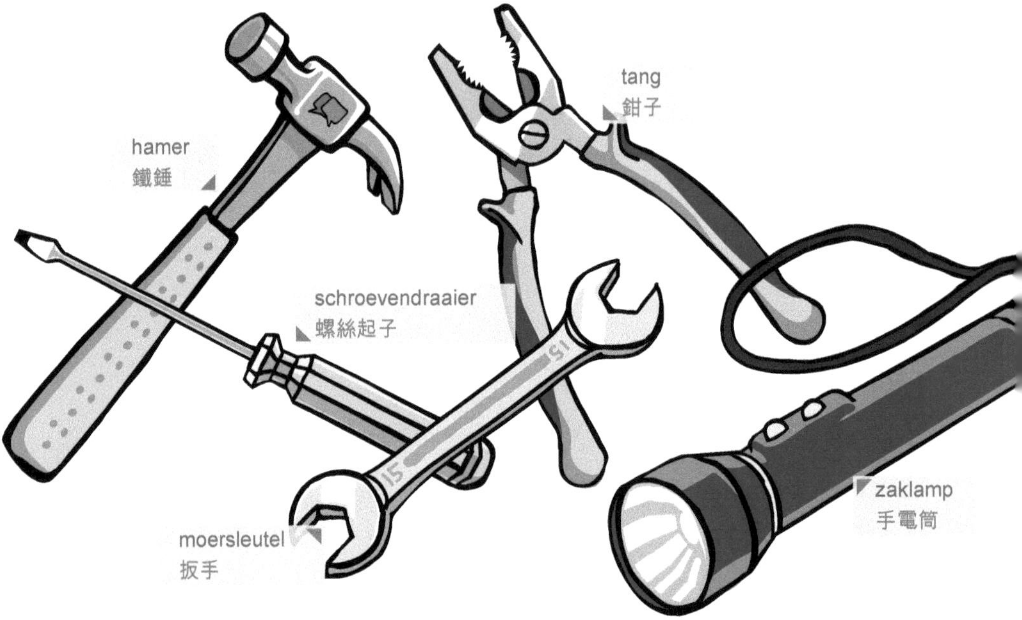
tang
鉗子
hamer
鐵錘
schroevendraaier
螺絲起子
zaklamp
手電筒
moersleutel
扳手

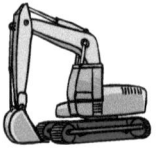

graafmachine
挖掘機

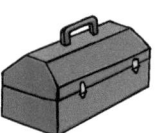

gereedschapskist
工具箱

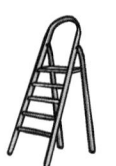

ladder
梯子

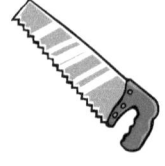

zaag
鋸子

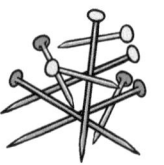

spijkers
釘子

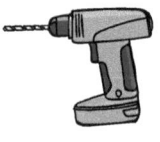

boor
鑽機

repareren

修

schep

鏟子

Verdorie!

糟糕！

stofblik

畚箕

verfpot

油漆桶

schroeven

螺絲

muziekinstrumenten

樂器

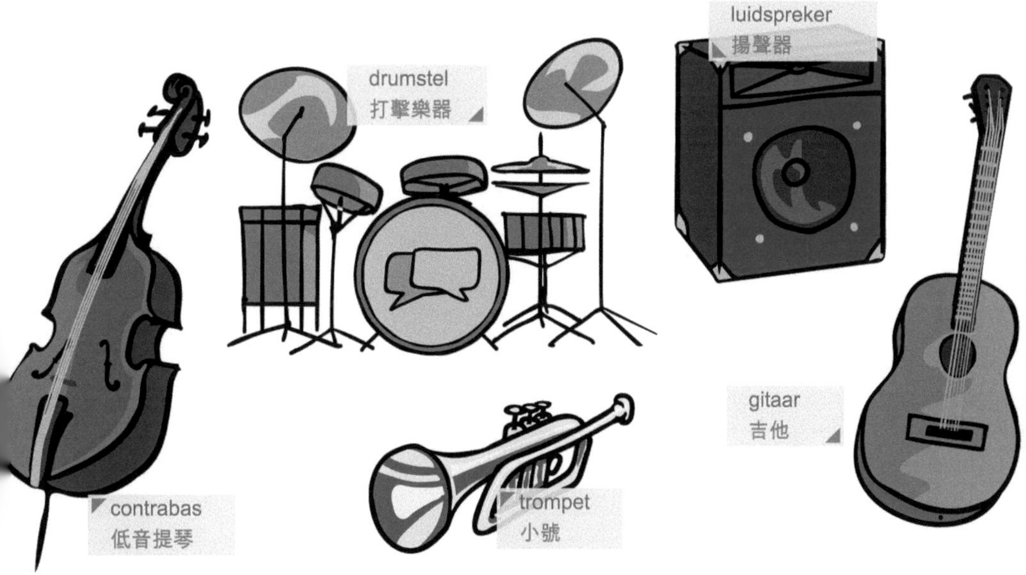

luidspreker
揚聲器

drumstel
打擊樂器 ◢

gitaar
吉他 ◢

contrabas
低音提琴

trompet
小號

piano

鋼琴

viool

小提琴

bas

貝斯

pauk

定音鼓

trommel

鼓

keyboard

電子琴

saxofoon

薩克斯風

fluit

長笛

microfoon

麥克風

dierentuin

動物園

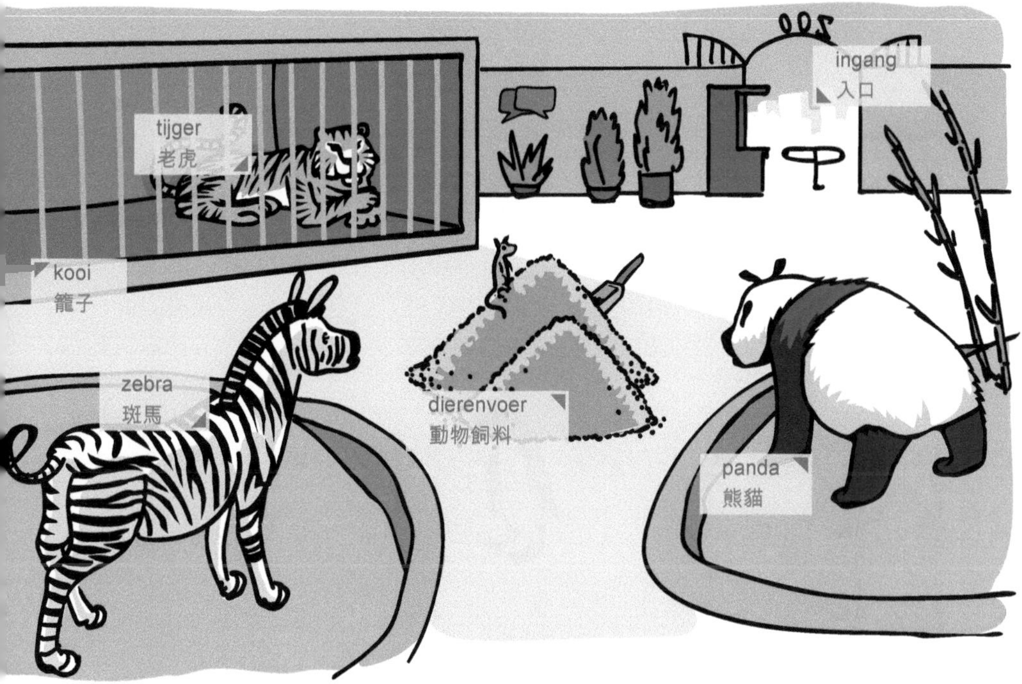

ingang
入口
tijger
老虎
kooi
籠子
zebra
斑馬
dierenvoer
動物飼料
panda
熊貓

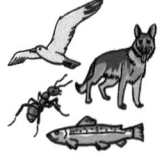

dieren

動物

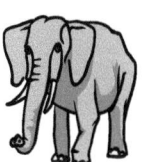

olifant

大象

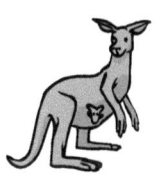

kangoeroe

袋鼠

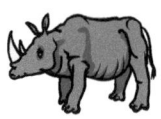

neushoorn

犀牛

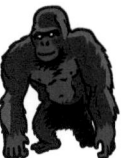

gorilla

大猩猩

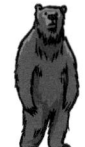

beer

熊

kameel

駱駝

struisvogel

鴕鳥

leeuw

獅子

aap

猴子

flamingo

紅鶴

papegaai

鸚鵡

ijsbeer

北極熊

pinguïn

企鵝

haai

鯊魚

pauw

孔雀

slang

蛇

krokodil

鱷魚

dierenverzorger

動物園管理員

zeehond

海豹

jaguar

美洲豹

dierentuin - 動物園

pony

矮種馬

luipaard

豹

nijlpaard

河馬

giraffe

長頸鹿

adelaar

老鷹

wild zwijn

野豬

vis

魚

schildpad

龜

walrus

海象

vos

狐狸

gazelle

羚羊

American football
橄欖球

wielrennen
騎腳踏車

tennis
網球

basketbal
籃球

zwemmen
游泳

boksen
拳擊

ijshockey
冰球

voetbal
美式足球

badminton
羽毛球

atletiek
田徑

handbal
手球

skiën
滑雪

polo
馬球

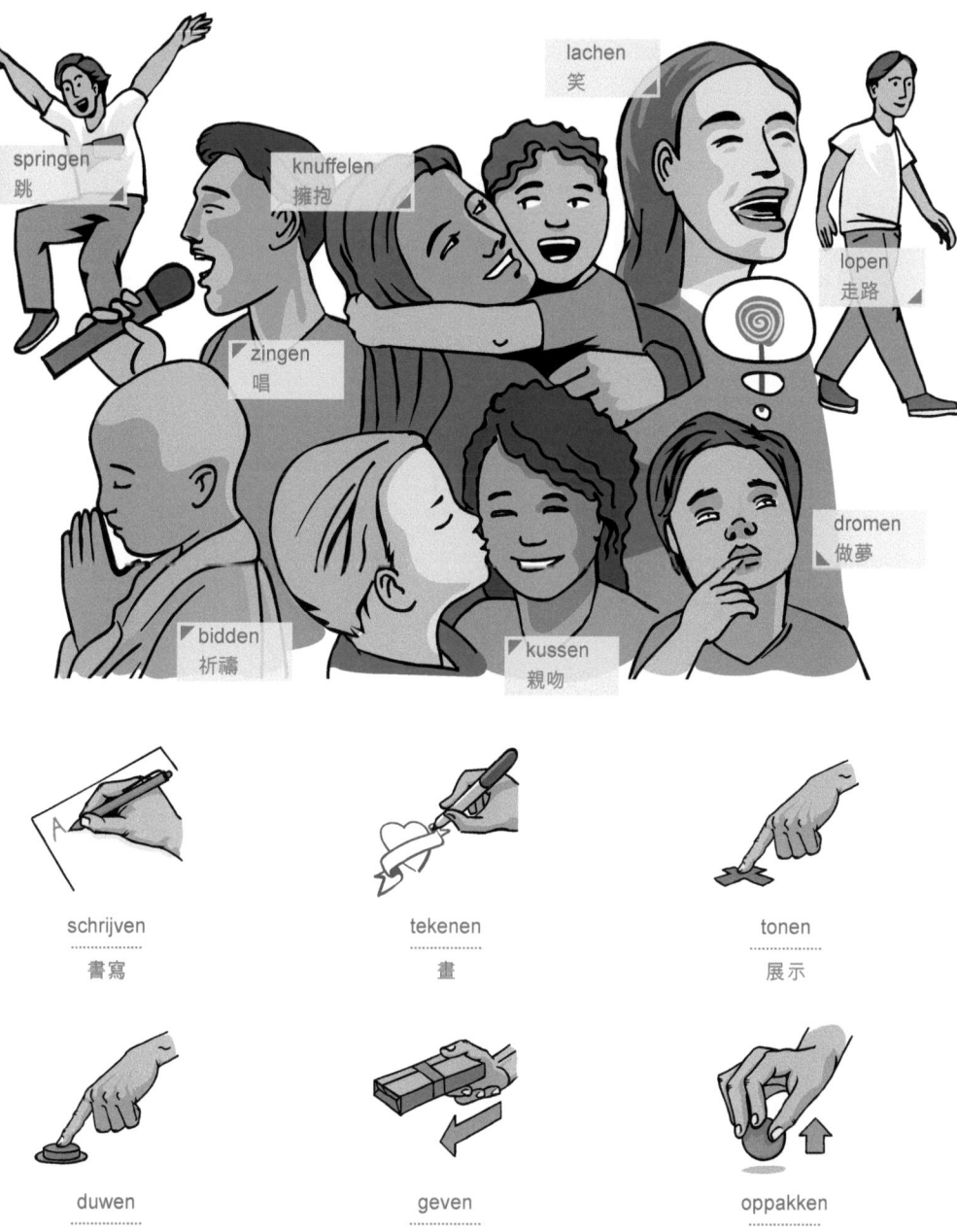

springen
跳

lachen
笑

knuffelen
擁抱

lopen
走路

zingen
唱

dromen
做夢

bidden
祈禱

kussen
親吻

schrijven

書寫

tekenen

畫

tonen

展示

duwen

推

geven

給

oppakken

拿

hebben
有

doen
做

zijn
當

staan
站

rennen
跑

trekken
拉

gooien
丟

vallen
摔倒

liggen
躺

wachten
等待

dragen
攜帶

zitten
坐

aankleden
穿衣

slapen
睡覺

wakker worden
醒來

bekijken

看

huilen

哭

strelen

擊

kammen

梳頭

praten

交談

begrijpen

明白

vragen

問

horen

聽

drinken

喝

eten

吃

opruimen

清理

houden van

愛

koken

做飯

rijden

開車

vliegen

飛

zeilen

航行

rekenen

計算

lezen

讀

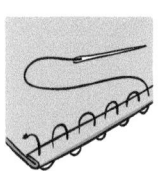

leren

學習

werken

工作

trouwen

結婚

naaien

縫

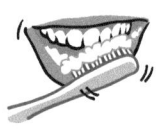

tandenpoetsen

刷牙

doden

殺

roken

抽菸

verzenden

寄

grootmoeder
祖母

grootvader
祖父

vader
父親

moeder
母親

baby
嬰兒

dochter
女兒

zoon
兒子

gast

客人

tante

阿姨

oom

叔叔

broer

兄弟

zus

姐妹

lichaam

身體

voorhoofd
前額
oog
眼睛
schouder
肩膀
vinger
手指
gezicht
臉
kin
下巴
hand
手
been
腿
borst
乳房
arm
手臂

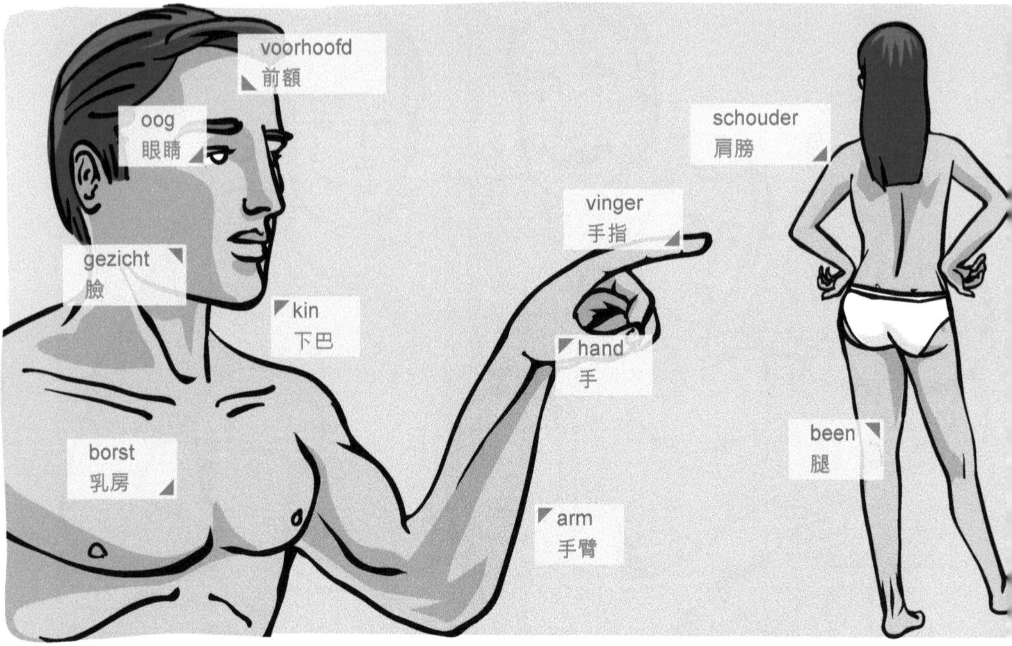

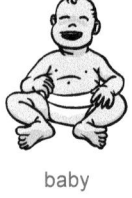

baby
嬰兒

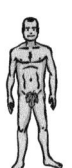

man
男人

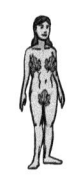

vrouw
女人

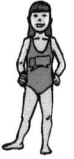

meisje
女孩

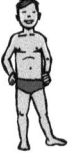

jongen
男孩

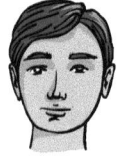

hoofd
頭

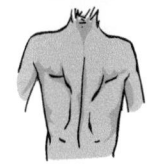

rug

背部

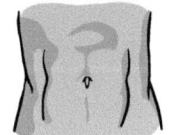

buik

肚子

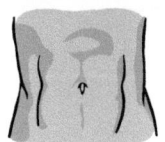

navel

肚臍

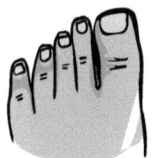

teen

腳趾

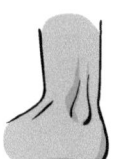

hiel

腳後跟

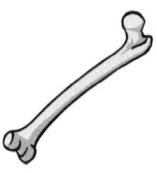

bot

骨頭

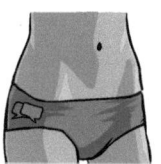

heup

臀部

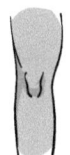

knie

膝蓋

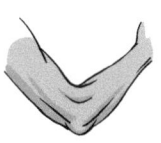

elleboog

手肘

neus

鼻子

achterwerk

屁股

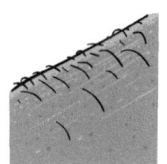

huid

皮膚

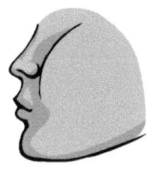

wang

臉頰

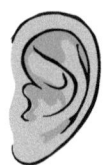

oor

耳朵

lippen

嘴唇

mond

嘴

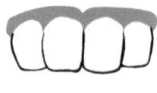

tand

牙齒

tong

舌頭

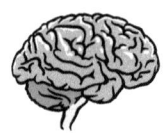

hersenen

腦

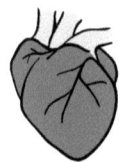

hart

心臟

spier

肌肉

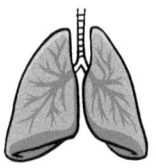

long

肺

lever

肝臟

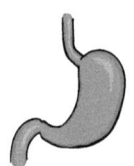

maag

胃

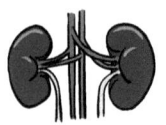

nieren

腎臟

geslachtsgemeenschap

性交

condoom

保險套

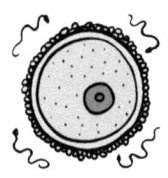

eicel

卵子

sperma

精子

zwangerschap

懷孕

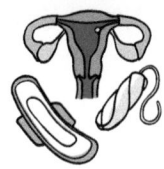

menstruatie

月事

vagina

陰道

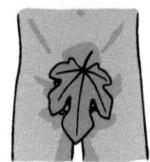

penis

陰莖

wenkbrauw

眉毛

haar

頭髮

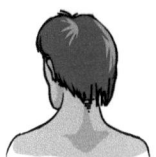

hals

脖子

ziekenhuis

醫院

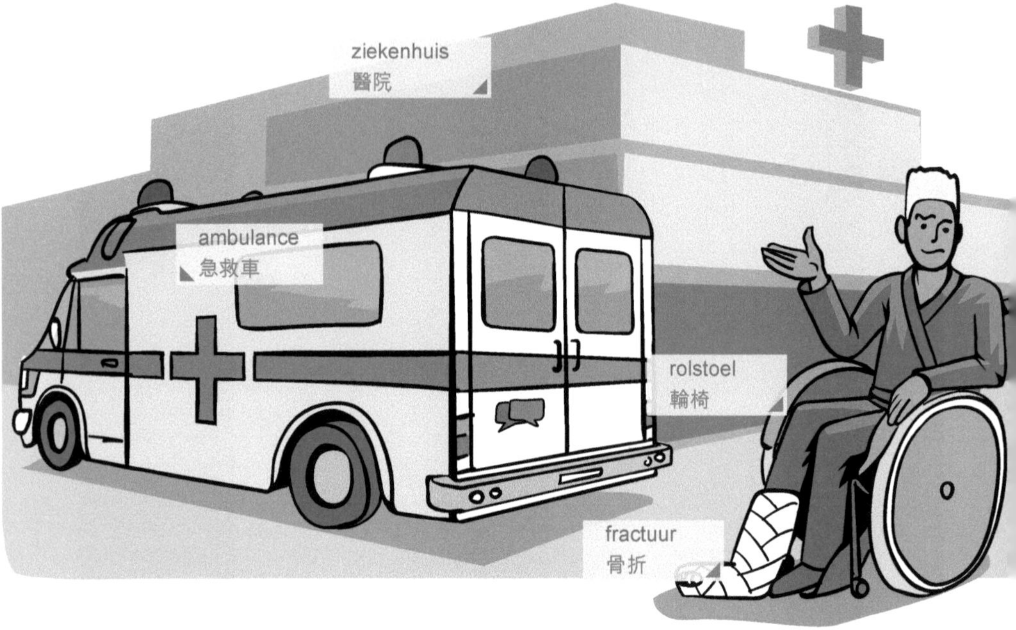

ziekenhuis
醫院
ambulance
急救車
rolstoel
輪椅
fractuur
骨折

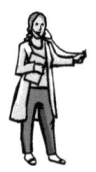

dokter
醫師

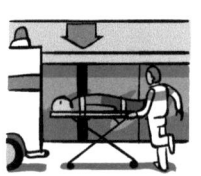

EHBO
急診室

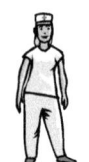

verpleegster
護理師

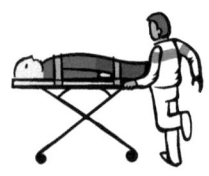

noodgeval
緊急情形

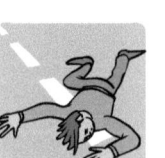

bewusteloos
昏迷

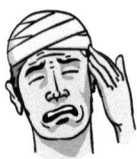

pijn
痛

verwonding

受傷

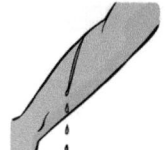

bloeding

出血

hartaanval

心臟病發作

beroerte

中風

allergie

過敏

hoest

咳嗽

koorts

發燒

griep

流感

diarree

腹瀉

hoofdpijn

頭痛

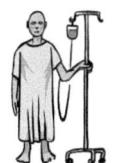

kanker

癌症

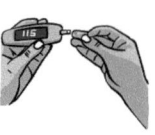

diabetes

糖尿病

chirurg

外科醫師

scalpel

手術刀

operatie

手術

CT

電腦斷層掃描

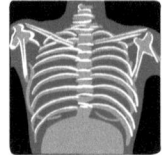

röntgen

X光

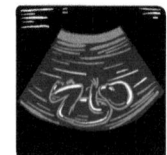

echografie

超音波

gezichtsmasker

口罩

ziekte

疾病

wachtkamer

候診室

kruk

拐杖

pleister

石膏

verband

繃帶

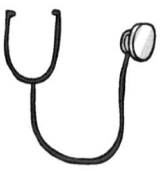

injectie

注射

stethoscoop

聽診器

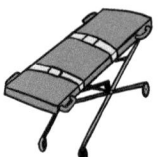

brancard

擔架

thermometer

體溫計

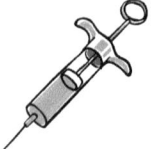

geboorte

出生

overgewicht

超重

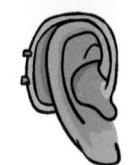

gehoorapparaat

助聽器

ontsmettingsmiddel

消毒液

infectie

感染

virus

病毒

HIV / AIDS

愛滋病

medicijn

藥物

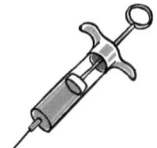

inenting

接種疫苗

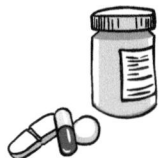

tabletten

藥片

pil

藥丸

alarmnummer

急救電話

bloeddrukmeter

血壓計

ziek / gezond

生病/健康

Help!

救命！

alarm

警報

overval

突擊

aanval

攻擊

gevaar

危險

nooduitgang

緊急出口

Brand!

失火了！

brandblusser

滅火器

ongeluk

意外

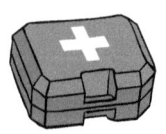

EHBO-koffer

急救箱

SOS

呼救訊號

politie

員警

Europa

歐洲

Noord-Amerika

北美洲

Zuid-Amerika

南美洲

Afrika

非洲

Azië

亞洲

Australië

澳洲

Atlantische Oceaan

大西洋

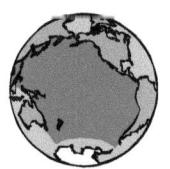

Stille Oceaan

太平洋

Indische Oceaan

印度洋

Zuidelijke Oceaan

南冰洋

Noordelijke IJszee

北冰洋

Noordpool

北極

Zuidpool

南極

Antarctica

南極洲

aarde

地球

land

陸地

zee

海

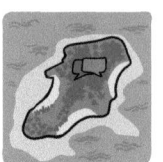

eiland

島

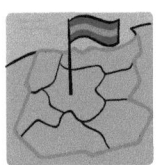

natie

國家

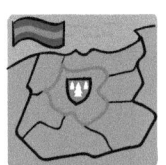

staat

州

wijzerplaat

錶盤

uurwijzer

時針

minutenwijzer

分針

secondewijzer

秒針

Hoe laat is het?

現在幾點？

dag

天

tijd

時間

nu

現在

digitaal horloge

電子錶

minuut

分

uur

時

week

週

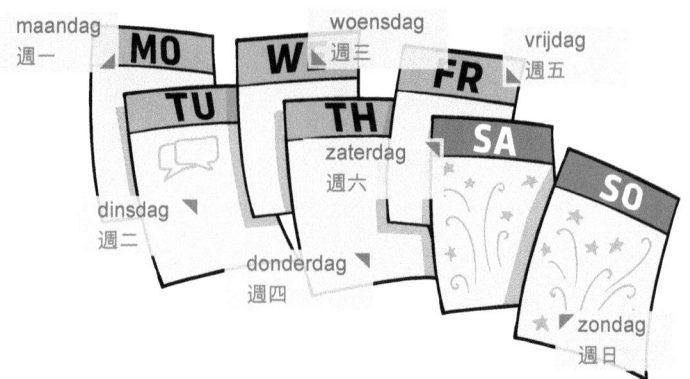

maandag 週一
dinsdag 週二
woensdag 週三
donderdag 週四
vrijdag 週五
zaterdag 週六
zondag 週日

gisteren

昨天

vandaag

今天

morgen

明天

ochtend

早晨

middag

中午

avond

晚上

werkdagen

工作日

weekend

週末

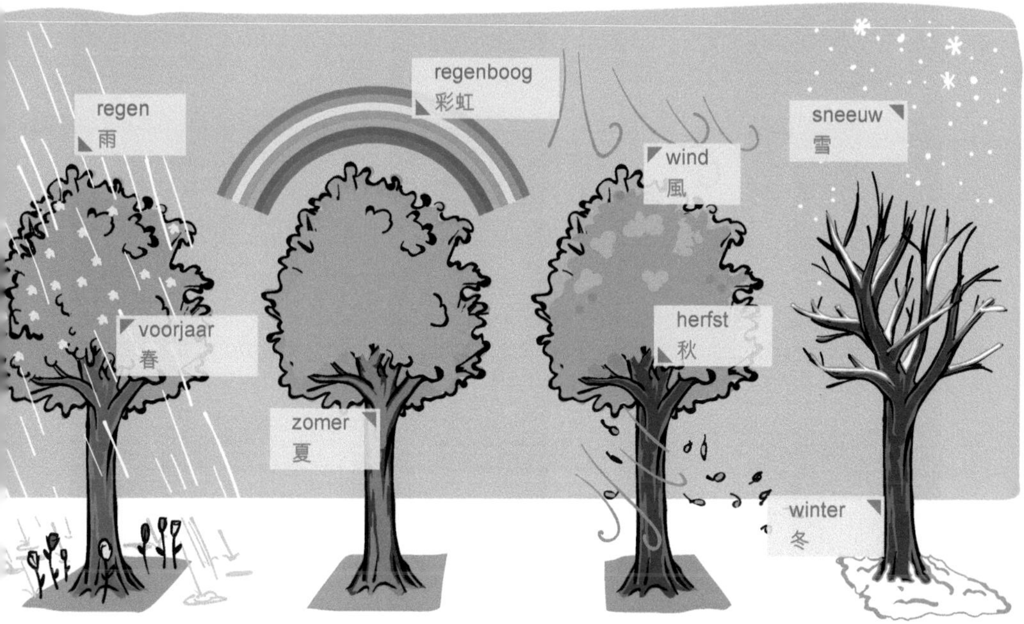

regen
雨

regenboog
彩虹

sneeuw
雪

wind
風

voorjaar
春

herfst
秋

zomer
夏

winter
冬

weerbericht

天氣預告

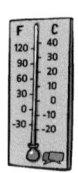

thermometer

溫度計

zonneschijn

陽光

wolk

雲

mist

霧

luchtvochtigheid

潮濕

bliksem

閃電

donder

打雷

storm

風暴

hagel

冰雹

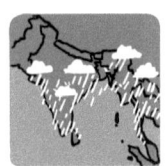

moesson

季風

overstroming

洪水

ijs

冰

januari

一月

februari

二月

maart

三月

april

四月

mei

五月

juni

六月

juli

七月

augustus

八月

jaar - 年

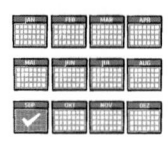

september

九月

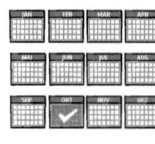

oktober

十月

november

十一月

december

十二月

vormen

形狀

cirkel

圓形

vierkant

正方形

rechthoek

長方形

driehoek

三角形

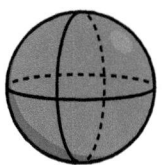

bol

球體

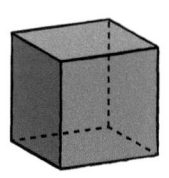

kubus

立方體

wit

白

geel

黃

oranje

橙

roze

粉

rood

紅

paars

紫

blauw

藍

groen

綠

bruin

棕

grijs

灰

zwart

黑

veel / weinig

很多/少許

boos / rustig

生氣/平靜

mooi / lelijk

美/醜

begin / einde

首/尾

groot / klein

大/小

licht / donker

明/暗

broer / zus

兄弟/姐妹

schoon / vies

乾淨/骯髒

volledig / onvolledig

完整/缺失

dag/ nacht

白天/晚上

dood / levend

死/生

breed / smal

寬/窄

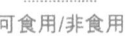

eetbaar / oneetbaar

可食用/非食用

gemeen / aardig

邪惡/善良

opgewonden / verveeld

興奮/無聊

dik / dun

胖/瘦

eerste / laatste

第一/最後

vriend / vijand

朋友/敵人

vol / leeg

滿/空

hard / zacht

硬/軟

zwaar / licht

重/輕

honger / dorst

餓/渴

ziek / gezond

生病/健康

illegaal / legaal

非法/合法

intelligent / dom

聰明/愚笨

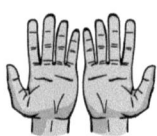

links / rechts

左/右

dichtbij / ver

近/遠

nieuw / gebruikt

新/舊

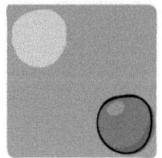

niets / iets

沒有/有些

oud / jong

老/幼

aan / uit

開/關

open / gesloten

打開/闔上

zacht / luid

安靜/吵鬧

rijk / arm

富/窮

goed / fout

對/錯

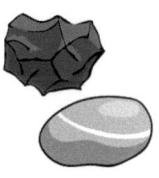

ruw / glad

粗糙/光滑

verdrietig / gelukkig

傷心/高興

kort / lang

短/長

langzaam / snel

慢/快

nat / droog

濕/乾

warm / koel

溫暖/涼爽

oorlog / vrede

戰爭/和平

0

nul

零

1

één

一

2

twee

二

3

drie

三

4

vier

四

5

vijf

五

6

zes

六

7

zeven

七

8

acht

八

9

negen

九

10

tien

十

11

elf

十一

12
twaalf
十二

13
dertien
十三

14
veertien
十四

15
vijftien
十五

16
zestien
十六

17
zeventien
十七

18
achttien
十八

19
negentien
十九

20
twintig
二十

100
honderd
百

1.000
duizend
千

1.000.000
miljoen
百萬

Engels

英語

Amerikaans Engels

美式英語

Chinees Mandarijn

普通話

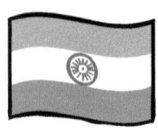

Hindi

印地語

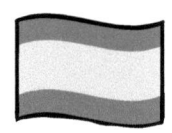

Spaans

西班牙語

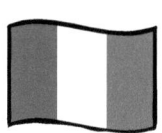

Frans

法語

Arabisch

阿拉伯語

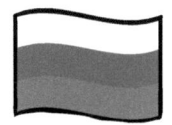

Russisch

俄語

Portugees

葡萄牙語

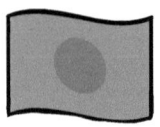

Bengalees

孟加拉語

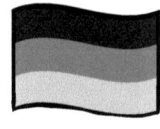

Duits

德語

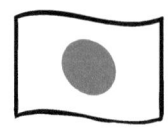

Japans

日語

ik

我

jij

你

hij / zij / het

他/她/它

wij

我們

jullie

你們

zij

他們

wie?

誰？

wat?

什麼？

hoe?

如何？

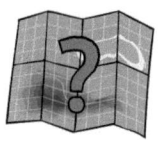

waar?

何處？

wanneer?

何時？

naam

名字

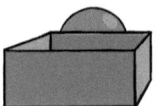

achter

後面

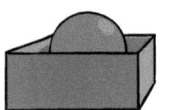

in

裡面

voor

前面

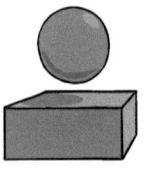

boven

上方

op

上面

onder

下麵

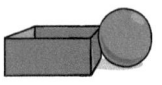

naast

旁邊

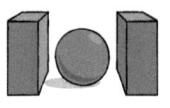

tussen

中間

plaats

地點